PROLOGUE

「フラワーデザインも時代と共に素敵のカタチを変化させながら表現するから面白い」をコンセプトに、過日、フラワーデザインを「空間を飾る花」としての側面だけでなくとらえ、ファッションやアートを切り口に、フラワーデザイナーならではの花の観せかたやいかし方、花とその他の素材の組み合わせ方を提案するアートイベントを開催しました。
本書では、オートクチュール店に見立てた会場で発表されたそんな私たちの作品をご紹介します。
植物の形・色・テクスチャーなどにこだわった「植物」だからこそできる表現！
植物の見え方が変わる作品たちをどうぞごらんください。

ROYAL FLOWER SCHOOL 40TH ANNIVERSARY
FLOWER×FASHION
花で織りなすメゾン・ド・クチュール

CONTENTS

Produce: Mami Koizumi
Photo: Yoko Takeuchi

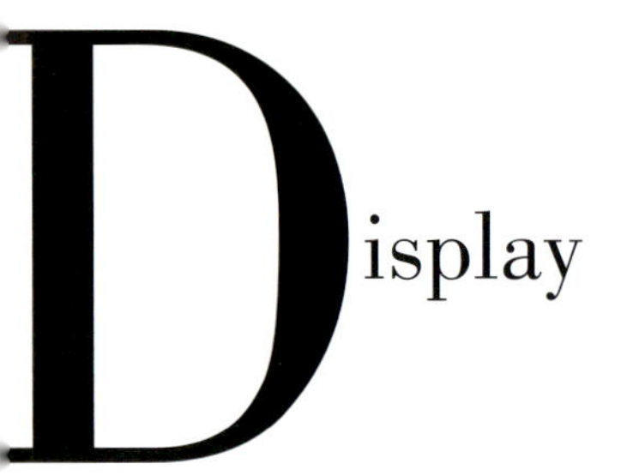

Display

プリザーブドフラワー、ドライフラワー、異素材

THE TEXTILE OF PLANTS

植物のテキスタイル

上場きよ子／大山正美／奥川真千子

一つ一つの作品を見本帳に見立てた作品群。
植物の色や質感の面白さに
服飾素材を合わせることで
お洒落感をプラスした空間装飾。

KIYOKO UEBA
MASAMI OYAMA
MACHIKO OKUGAWA

at

デザインソースは丸みのある
可愛らしいクラシックカー。
螺旋状に組んだブロンズワイヤーに
アンティーク色の素材で。

ANTIQUE STYLE

アンティーク調帽子

玉崎洋美

HIROMI TAMASAKI

バンクシア、アーティフィシャルフラワー（アガベ、シキミア、銀枝等）
ブロンズワイヤー、合皮、羽根

RURIKO SHUKUWA

プリザーブドフラワーやドライフラワーの
素材を合わせることで色のニュアンスや
質感の素敵さを表現した作品。
生花のバンダでエレガント＆ゴージャスをプラス。

AKOGARE

AKOGARE

宿輪ルリ子

バンダ、ドライフラワー（カラテア）、プリザーブドフラワー（カシワバアジサイ、ミナヅキアジサイ、ケイトウ、レモンリーフ、テールリード）
フェルト地の帽子、レース生地

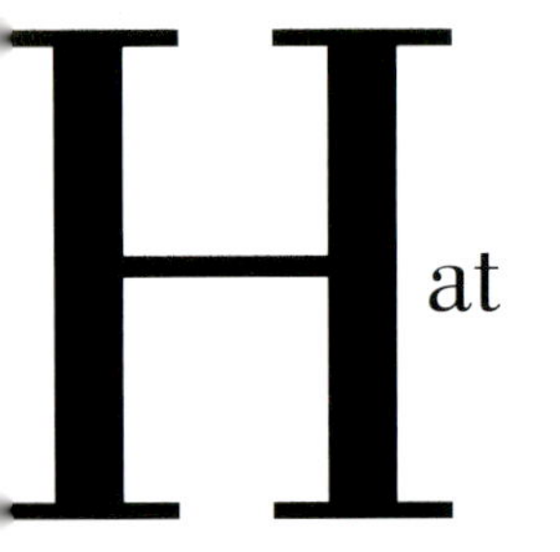

見る角度によって
違う表情が楽しめるハット。
アクティブにもエレガントにも
装いに華を添えられるようデザイン。

UNE SORTIE MERVEILLEUSE

Une sortie merveilleuse／素敵なお出かけ

常光賀世子

ミルトニア、トルコキキョウ、バラ、スカビオサ、スマイラックス、ダイコンドラ、スプレーバラ、ダスティミラー

KAYOKO TSUNEMITSU

YOKO HARASHIMA

半円形の発泡スチロールを
帽子の土台にして花を装飾。
アルミワイヤーや形状が複雑な枝、
クールなグリーンを加えてモダンに。

IN A MODERN MOOD

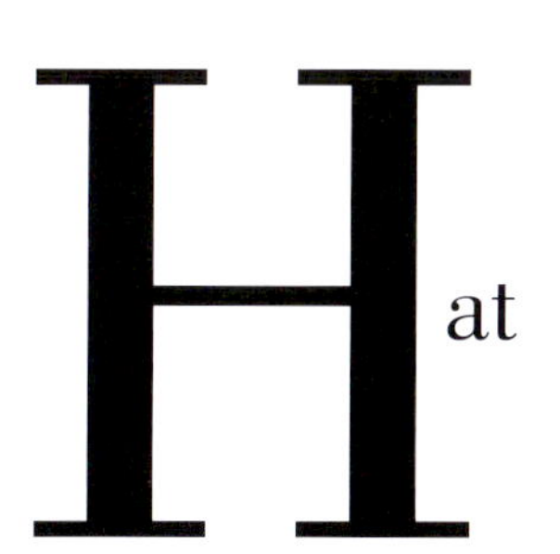

気分はモダンに

原島陽子

ドライフラワー（ハラン）、アーティフィシャルフラワー（カトレア、ピンクッション、アジサイ、ファレノプシス、黒着色枝）
アルミワイヤー、鎖

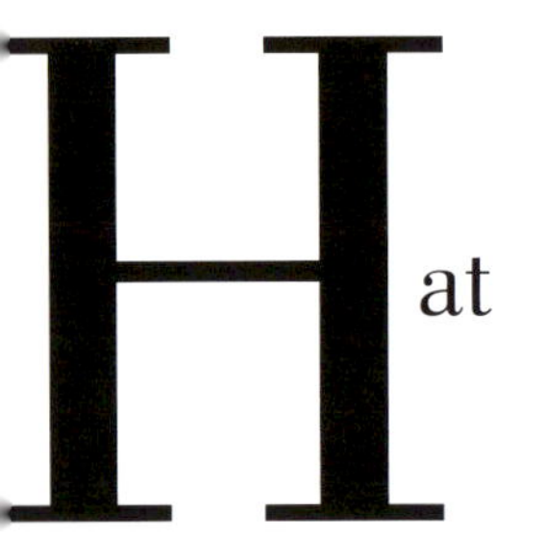
at

孫息子がアメリカ土産にプレゼントしてくれた
台所用ブラシからデザインのヒントを！
羽根が靡いている形が
だせるような材料選びで。

HAT FOR NATIVE AMERICAN GIRL

インディアン娘のおしゃれ帽

西山多恵子

アーティフィシャルフラワー（ファンスプレー、マグノリアリーフ、ラナンキュラス、スカビオサの実）、コットン、羽根

TAEKO NISHIYAMA

YOKO NISHINO

ヨーロピアンな華やかさと
中国のエキゾチックな雰囲気が
ミックスしたシノワズリ風の帽子。
モダンなファッションのアクセントに。

CHINOISERIE STYLE

シノワズリ風な…

西野陽子

アーティフィシャルフラワー（ホトトギス、デンファレ、ハートカズラ、アルストロメリア、キバナコスモス、グレープリーフ、モカラ、シダ）
かご、発砲スチロール（丸型）

Hat

ADULT-CUTE

帽子を重ねてつくった土台に
ウレタンボールにちりめん布を貼ったものや
大粒のパール、白・黒・銀の玉を装飾。
大人なドット模様を描いて。

大人可愛いく

東條恵子

アーティフィシャルフラワー（ラズベリー、ガーベラ）
パール玉、白・黒・銀の玉、ちりめん布、ウレタンボール、麦わら帽子（大・小）、網戸用網、ロープ

KEIKO TOJO

YASUKO IKENAGA

貴婦人のキリッとしたイメージを
クールなラインの構成で表現。
見る角度によってラインの重なりが
違って見えるよう工夫。

貴婦人

池永育子

NOBLE LADY

Hat

アーティフィシャルフラワー（ダリア、セルリア、ラナンキュラス、スプレーローズ、ジャスミン、ハイドレンジア）
バスケット、アクリル棒、リボン、サテン布、オーガンジー

H at

日々の忙しい生活の中で
忘れていた温もりと優しさが溢れた光景を！
森の中でみつけた
小さなオアシスとして帽子に表現。

SWEET HOME IN THE FOREST

森の中のSweet Home

川崎一子

アーティフィシャルフラワー（アイビー、ベリー、シダ、カルミア）
ネット

KAZUKO KAWASAKI

JUNKO ISHII

美しい南仏の風景の色彩と
マティスが教会のステンドグラスに
表現した青色部分に
心惹かれ帽子の中に表現。

ENCHANTED WITH BLUE

青色に魅せられて

石井順子

アーティフィシャルフラワー（ダリア、ブルースター、ユーチャリス、デルフィニューム）

Hat

厚紙でハットの型を制作。
装飾イメージは空想の中の森。
サテン、一直線に並べた竹、
プリザーブドフラワー、ブレードなどで描き表現。

DREAMING FOREST

森のみる夢

米良ふみえ

アーティフィシャルフラワー（サボテン、ラズベリー）、プリザーブドフラワー（バラ、センニチコウ、エリンジューム）、竹
羽根、スパンコール、サテン布、ブレード

FUMIE MERA

MIEKO MAKI

つば広帽子にオーガンジーの布を。
頭の部分はエレガントさと
凛とした強さを表現し、
そのイメージは軽やかに装飾へと流れて。

SHINING

光の中で

牧 美恵子

Hat

プリザーブドフラワー（バラ）、アーティフィシャルフラワー（サボテン、アジサイ、ぶどう）
オーガンジー布、アルミワイヤー、つば広帽子

Hat

和のイメージの帽子を表現するために
扇子や折り紙を立体的に組み上げて。
華やかなアーティフィシャルフラワーが
艶やかさを添えて。

JAPANESQUE ROMAN

ジャパネスク・浪漫（ロマン）

北原礼好

アーティフィシャルフラワー（ファレノプシス、オーキッド、ファンパームリーフ）
扇子

REIKO KITAHARA

IKUKO TAKITO

幅広い年代の女性のありように魅力され
「表現するなら何？どんな形？」
と思いを巡らし、
それがデフォルメしたバラの形に！

BEAUTIFUL WOMAN

美しい女性（ひと）

瀧戸郁子

プリザーブドフラワー（バラ）、アーティフィシャルフラワー
ブロインワイヤー

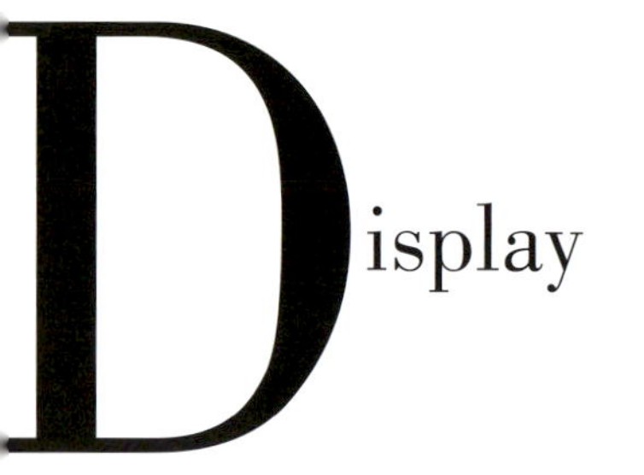

isplay

DASH TOWARDS THE FUTURE ~ BYOBU

ERIKO YOKOYAMA
ERIKO TAJIKA
YUMIKO HOSOKAWA
NORIKO KOIKE

車の排気口を思わせるダクトを並列し、
近未来の屏風をイメージ。
アレンジは造形性の高いダクト装飾
に合わせて個性的な花材で。

DASH TOWARDS THE FUTURE～屏風

横山恵里子／田鹿枝利子／細川由美子／小池典子

（ダクト）ゲーラックス、ノイバラ
（パラレル風アレンジ）セダム、サラセニア、シルバーブルーニア、カンガルーポー、サンスベリア、エケベリア、ドライアンドラ、ドラセナ、リモニューム、テマリソウ、パープルコンゴ、バンクシア、ゴアナグロー、ゴールデンカスケード、ハイゴケ
スパイラルダクト、カッティングシート

ag

アクリルとフェルトのようにまったく違う
表情をもつ素材を組み合わせ、
その調和を楽しむ作品。
アクリルの軽快感に横長型のお洒落感を。

CONCERTO

コンチェルト（協奏曲）

宮村康子

プリザーブドフラワー（バラ）、ドライフラワー（バンクシア）、アーティフィシャルフラワー
アクリル、フェルト、金属

YASUKO MIYAMURA

CHIE MIURA

土台はプラスチックのネット。
カラーの花弁（苞）をカットし
広げたものを重ね合わせて制作。
シックな艶はカラーならでは。

BAG IN AUTUMN-COLOR

秋色カラーのシックなバッグ

三浦千絵

カラー、ガラスビーズ

ag

自分自身で手編みして作成した
ナンタケットバスケットに
ナチュラルな花材を。
自然体で優しい気持ちになれる作品。

GIFT FROM NANTUCKET ISLAND

ナンタケット島からの贈り物

細谷菜智子

SACHIKO HOSOYA

ユーカリ、リリオペ、アマランサス、
ローズマリー、タタリカ
ナンタケットバスケット

RIRIHA YANO

オーストラリアのワイルドフラワーボーエリを
バッグの土台にした作品。
ファウンテングラスの
ラインでお洒落感を。

ボーエリ・★

矢野りりは

BOERI・★

Bag

バンクシアボーエリ、ファウンテン
グラス、秋色アジサイ、プリザーブ
ドフラワー（アジサイ）
アイアン製装飾リボン、チェーン

Bag

カーブを持ったバッグの
フォルムを綺麗に見せるため
フトイは太さを揃えて。
ノーブルカラーのバラはメリア仕立てに。

USING FUTOI

フトイを使って

高橋実穂

フトイ、プリザーブドフラワー（バラ）
ビーズ、パール、皮（持ち手）、コード、段ボール紙

MIHO TAKAHASHI

KATSUMI YAMAUCHI

趣味の折り紙をいかし、
包装紙で折ってつくったバッグ。
柄と同じホワイトローズはメリア仕立てに、
装飾は小粒なパールを施して。

ORIGAMI BAG

モードなORIGAMIバッグ

山内香津美

Bag

アーティフィシャルフラワー（バラ、葉類）
包装紙、厚紙、ダイヤ付きパール、ライン小粒パール

ag

還暦のテーマカラーの
赤のバラを主役にした作品。
装飾を控え目にしたノーブルなバッグ。
バッグの裏と表で違うデザインを楽しんで。

60TH ELEGANT ROSE

60TH ELEGANT ROSE

飛田幸恵

プリザーブドフラワー（バラ、シルバーツリーリーフ）、枝
サテン生地、メタル口金、メタルチェーン、メタル装飾具、ラインストーン

YUKIE HIDA

YOKO FUJIHASHI

イメージは秋色の雲。
チキンワイヤーをバッグ型に形づくり
スモークツリーをつけ花をアレンジ。
チェーン部分も秋色の葉で装飾。

CLOUD IN AUTUMN COLORS

秋の雲

藤橋陽子

バラ、ケイトウ、プリザーブドフラワー（スモークツリー）
チェーン

B ag

映画「ブラックスワン」から
ヒントを得た作品。
羽根が艶やかに美しく見えるよう
色・形・サイズ・向きが揃うよう選別。

BLACK SWAN

プリザーブドフラワー（バラ）
フェルト、シルバーのモチーフ、フック（取っ手）、装飾用羽根、厚紙、布、テープ各種、リボン

BLACK SWAN
滝本早苗

SANAE TAKIMOTO

HITOMI MIYAJIMA

孔雀が羽を広げた時の華やかさを表現。
小ぶりなバッグのなかに、
羽根の模様を描くように、
リーフやケイトウ、ビーズ、飾り金具を。

PEACOCK

孔雀

宮島ひとみ

Bag

ドライフラワー（ケイトウ）、プリザーブドフラワー（シルバーリーフ）
ビーズ、コード、布地、飾り金具

B ag

土台はアクリル板。
バッグ全体はシンプルに、縁取り装飾は華やかに
持ち手は細かく重ね
リボンの扱いにも凝った作品。

ADULT-CUTE DOLL

大人可愛いドール

木下英美子

プリザーブドフラワー、リボン、オルネフラワー
オートクチュールドール、アクリル板、レンズメ、パール

EMIKO KINOSHITA

YOSHIMI NAKAMURA

柔らかく優しい色合いの花や異素材を
軽やかな円錐形バッグにデザイン。
パールの持ち手や
装飾リボンがアクセントに。

風が運ぶ幸せ

中村良美

FEEL THE WIND

Bag

プリザーブドフラワー（バラ、カーネーション、センニチコウ）
リボン、パール

アンティーク風の花材を使い
マウンドのバリエーションで
いけたアレンジにアルミワイヤーや
銀に染めた枝でメタリックな要素を。

STREETS OF PARIS

パリの街角

豊田節子／相場由佳／池 順子／宮田文香

SETSUKO TOYOTA
YUKA AIBA
JUNKO IKE
AYAKA MIYATA

バラ、秋色アジサイ、ダリア、リンドウ、トルコキキョウ、ラン、フィロデンドロン、ポリシャス、テイカカズラ、ビバーナムティナス、ユーカリ、アスナロ、ヒムロスギ、ポリシャス、アーティフィシャルフラワー（ぶどう、アマランサス）、スケルトンリーフ
自在ワイヤー

G735
GALLERY

Jewelry

ジュエリーの形にしたPPシートに
シャーリーポピーを凹凸をつけながら貼って。
装飾チェーンとユリノキの実
をアクセントに。

SHIRLEY POPPY BIJOU

AI ONISHI

シャーリーポピービジュー

大西あい

ドライフラワー（シャーリーポピー、ユリノキの実）、フェルト、ポリプロピレンシート
毛糸、装飾チェーン

MICHIKO IRIE

アートフラワーの花弁を紫に染めたものと
鉛板を花弁型にしたものを
組み合わせバラに。
何種類かの異素材で変化をつけて。

shizuku（しずく、滴）

入江道子

アーティフィシャルフラワー（花びら）
鎖、スワロフスキー、鉛板

DROPS OF JEWELRY

Jewelry

DUSTY MILLER BAG

DUSTY MILLER BAG

青野佳世子

KAYOKO AONO

ダスティーミラーの裏面に
ワイヤーを貼り合わせ
レースの模様をイメージしたパーツをつくり、
バラのベースを縁取るように装飾。

ダスティミラー、バラ
金属パーツ

hoes

表は緑、裏はゴールドの葉グレヴィリアを
編み込む様に張り合わせたブーツ。
リッチな質感のゴールドが
作品に高級感を加えて。

GREVILLEA ・GREVILLEA

グレヴィリア・グレヴィリア
川田愛子

AIKO KAWATA

グレヴィリア、金属の装飾リング

AKIKO ITOH

靴のヒール部分はウェッジソール型に
木の実を積み上げて制作。
ゴージャスさにオーストラリアの
ワイルドフラワーを合わせて。

THE HEELS OF NUTS

THE HEELS OF NUTS

伊藤晶子

Shoes

木の実（ユーカリの実、ミニバクリ、ボールフルーツ、メタセコイヤ、シダローズ、アンバーバー）、フィリカ、ハケアビクトリア
ベルベットリボン

LIBERTY

ベルベットのような光沢と肌触りの
ベルベットリーフにワッペンや
リボン等をダイナミックに配した
遊び心を感じる作品。

LIBERTY

稲葉和美

KAZUMI INABA

ベルベットリーフ、レモンリーフ、
リボン、ワッペン

MIZUE HONDA

ケイトウの質感を生かすために
考えられたデザイン。
シックなケイトウに
グレンチェックを合わせお洒落感を。

GLENCHECK AUTUMN

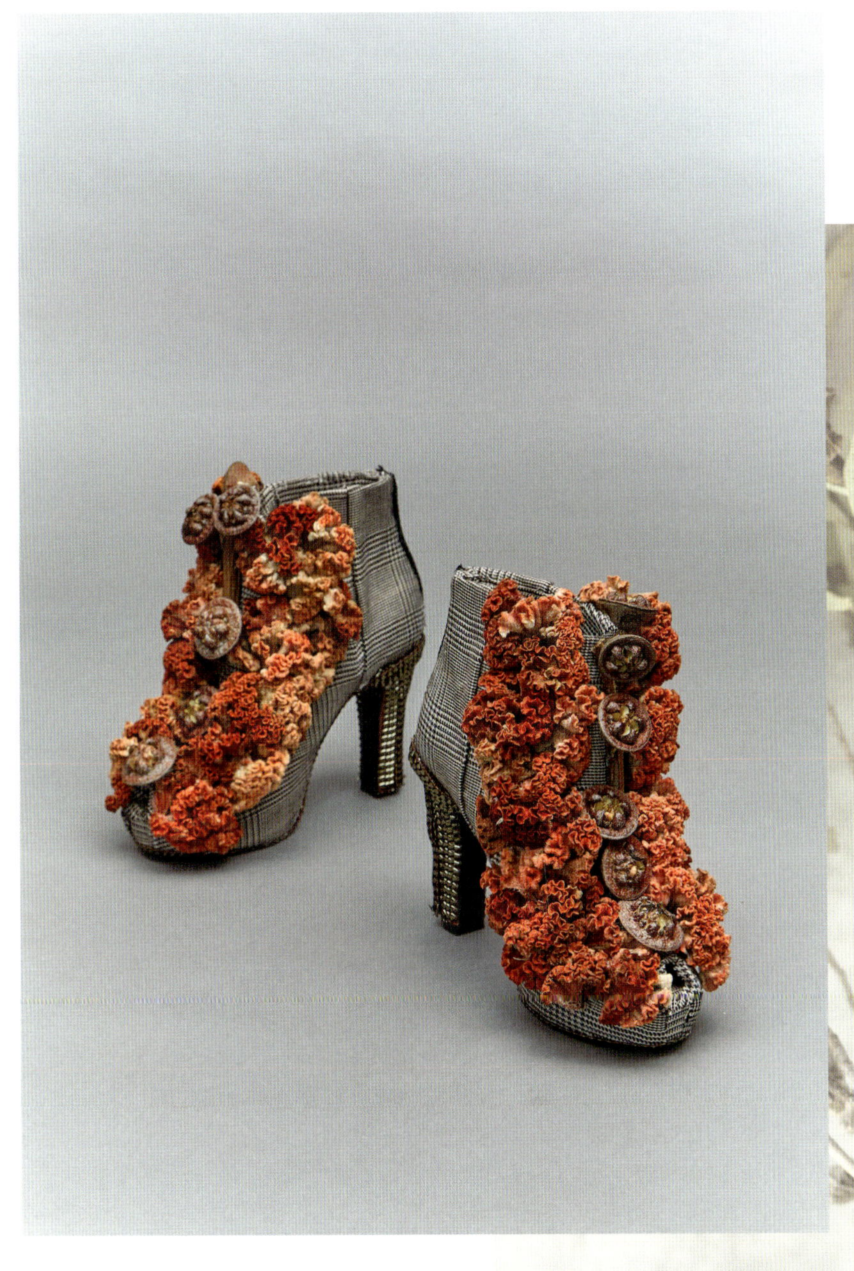

グレンチェックと秋の街歩き

本田瑞枝

ボンベイケイトウ、プロテアコロナータの実
布

Shoes

スニーカーの新しいジャンルを目指した作品。
ドライフラワーや異素材
アーティフィシャルフラワーの
バランスがポイント。

HEARTWARMING

MICHIYO HARADA

癒しのスニーカー

原田三千代

シープホーン、アートフラワー（マム、グリーン）
フェイクファー

YASUKO KOMATSU

靴の土台から
全てアーティフィシャルフラワーで組み立てた作品。
ラインの美しさをいかすため
装飾は厳選された花で効果的に。

BOULE DE PARFUM

BOULE DE PARFUM

小松康子

アーティフィシャルフラワー（バラ、
エアプランツ）、ラインストーン

hoes

オアシスを土台に
チキンワイヤーでブーツの型を制作。
アートフラワーのアジサイの花弁を
張り合わせることで魅せる質感を表現。

RAINY FAIRY

雨の妖精のお散歩

佐藤貞子

アーティフィシャルフラワー（アジサイ、デルフィニウム、デンファレ、アンスリウムの葉）

SADAKO SATO

MAYUMI NISHIYAMA

モネの愛したジヴェルニーの
静謐な睡蓮池の中から
睡蓮の精になったカミーユの靴が
すーっと浮かびあがるイメージで制作。

THE PUMPS FOR CAMILLE MONET

MONET 睡蓮 モネ夫人～カミーユのための靴

西山眞由美

Shoes

アーティフィシャルフラワー（ウォーターリリー、ユキノシタ、アストランティア、ハイドランジア、ラナンキュラス、ゼンマイ、スターフラワー等）

CHOCOLATE PUMPS

Chocolate pumps (チョコレートパンプス)

神田智佳子

CHIKAKO KANDA

黒のエナメルパンプスを
チョコレートケーキに見立てて。
ドライと生の実を組み合わせることで
マット感と艶感を表現。

ブラックベリー、ペッパーベリー、
ライスフラワー、野バラの実、バ
ーゼリア、シャリンバイ、センダン、
ルナリア

Display

アイビー、アジサイ、トネリコ、ハゴロモジャスミン、カロライナジャスミン、ナンテン、ドラセナ、ドウダン、コチョウラン、バンダ

WELCOME TO "MAISON DE COUTURE"!

ようこそ MAISON DE COUTURE！

斉藤良枝／岡本智美／豊田ゆきえ

ローヤルという場に集まった仲間が根を下ろし、
経験を重ね、時間をかけて
大きく育ち、未来へと伸びていくように
と思いを込めて。

YOSHIE SAITO
SATOMI OKAMOTO
YUKIE TOYODA

ress

胸元はスライスし白に染色した蓮。
ウエストは梱包紐とパールのベルト。
スカートはエコファーや渦巻き状の
モチーフでアクセントを。

WINTER BRIDE

WINTER BRIDE

栗本安代

YASUYO KURIMOTO

蓮、ドライのミツマタ
梱包紐、パール連、エコファー、
レース

YOKO ITO

アクリル棒を傘の土台にして、
ホワイトダイヤモンドリリーの
花が持つ清潔感のある華やかさと
瑞々しい茎の姿をいかしたデザイン。

DROP OF DIAMOND LILY

ダイヤモンドリリーの雫

伊藤洋子

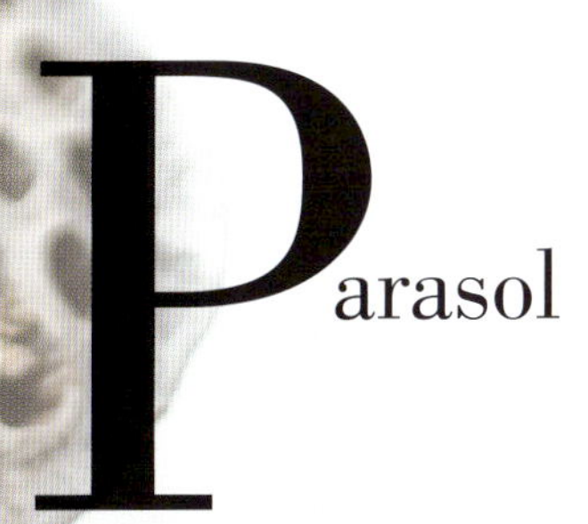

Parasol

ダイヤモンドリリー、リボン、アクリル棒

ress

ドレスを装飾したシンプルな縦ラインは
マツカサの鱗片を切って
アルミシートに並べて貼りつけたもの。
スタッズのチェーンのように。

THE LADY IN PLATINUM

プラチナの貴婦人

藤田千幸

CHIYUKI FUJITA

米松のマツカサ、マツカサ、アーティフィシャルフラワー（バラの花びら）
チュールレース、リボン、コサージュピン、アルミシート、エコファー

HISAE NAKAZAWA

ウイリアム・モリスの作品から
インスピレーションを得た作品。
ドライフラワーが持つ深みや質感を
モリスの世界観で表現。

BOTANICAL PARASOL

ボタニカルパラソル

中澤寿江

ドライフラワー（アーティチョーク、ユーカリ、ケイトウ、セルリア、チャンバーレイニアム、アスチルベ）、傘

ress

身頃は猿猴杉の形状を、スカート部分は
梱包紐の光沢と質感の面白さを表現。
アクリルボールのコサージュで宇宙のイメージに。

THE LADY FROM THE UNIVERSE

THE LADY FROM THE UNIVERSE

狩谷冨佐子

猿猴杉、アーティフィシャルフラワー（多肉植物）
梱包紐、アクリルボール、ビーズリボン、江戸打紐（シルバー）、アルミシート

FUSAKO KARIYA

MITSUE IGUCHI

プリザーブドフラワーなどで制作した
メリアにオーガンジーなどでつくった葉を
プラスして軽やかさを。
葉に塗ったラメが華やかさに柔らかい光沢を。

～UNE OMBRELLE～

～UNE OMBRELLE～
井口光江

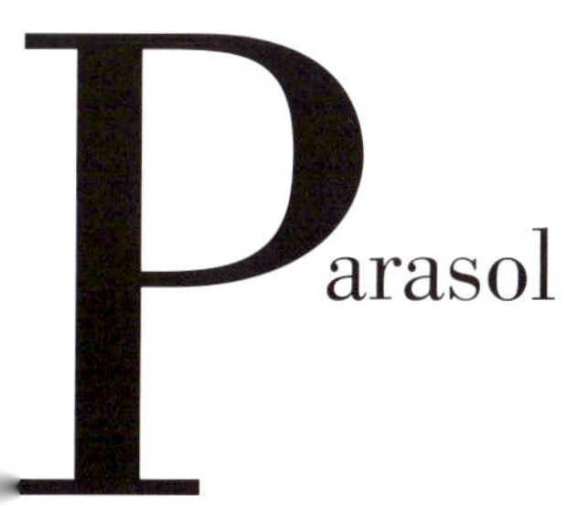

プリザーブドフラワー（バラ）、アーティフィシャルフラワー
布、オーガンジー、ビーズ

ress

パンパスグラスとカスミソウの
異なる質感を繋ぎ合わせるために
サッシュベルトを使い、エアプランツで
クールなアクセントを与えて。

FEMININE DRESS

パンパスグラスのフェミニンドレス

椙山直子

NAOKO SUGIYAMA

パンパスグラス、カスミソウ、ワックスフラワー、アスター、スプレーバラ、キセログラフィカ、クレマチスシード

JUNKO SOMEYA

透明傘にデザインのイメージに
合った布地を貼り、
コサージュ状にまとめた花を装飾。
アベリアの縁取りがナチュラル。

UNE PROMNADE AGRÉABLE

UNE PROMNADE AGRÉABLE / 心地よい散歩

染谷順子

Parasol

トルコキキョウ、バラ、スプレーバラ、スカビオサ、ハツユキカズラ、ワイヤープランツ、アベリア、ミルトニア

arasol

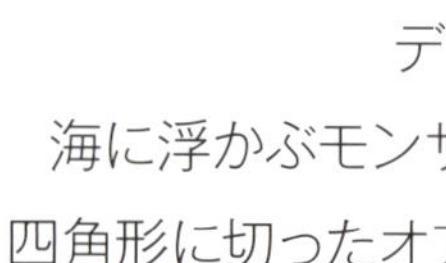

デザインソースは
海に浮かぶモンサンミッシェル。
四角形に切ったオアシス数個には
種類の違う葉を貼りつけて。

GREEN PARASOL

緑の傘

高橋久恵

HISAE TAKAHASHI

ハラン、アーティフィシャルフラワー（カラード・ベゴニア、ペペロミアバインの葉）

GREEN DRESS

ドレスのデザインに合わせ、
模様や形・質感が特徴的な葉をチョイス。
葉の並べ方や立体的な使い方で
葉の造形の美しさを表現。

MAMI MORI

Dress

グリーンで創る大人フェミニンなドレス

森 真美

カークリコ、アグラオネマ・シルバークイーン、アスプレニウムアビスレズリー、プリザーブドフラワー（アジサイ）

ress

花材を装飾ワイヤーで繋げ、
揺れる・透ける・フワフワするという
ファンシーな世界観を表現。
胸元のマスとの対比が素敵なドレス。

SWINGING FANCY DRESS

揺れるファンシードレス

伊藤佳子

YOSHIKO ITO

ハイドランジア、ユーカリ、ルナリア、フランネルフラワー、スプレーバラ

MAYUMI HOZUMI

池のイメージでアジサイを傘全体に貼り、
アートの睡蓮をポイントに配置。
葉でリズムをつけ、
アルミ素材でアクセントを。

WATER LILY

睡蓮

穂積真由美

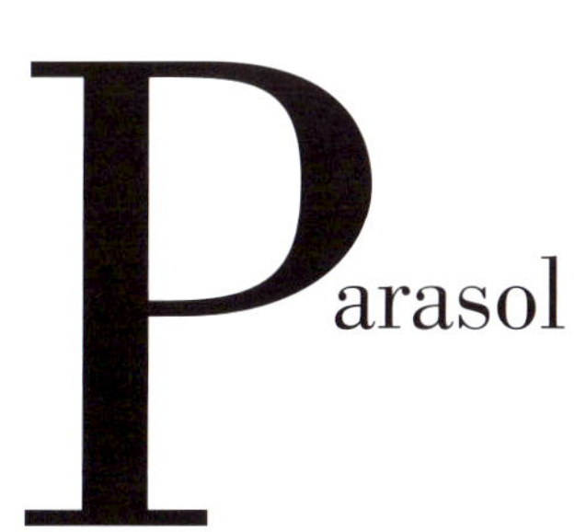

アーティフィシャルフラワー（スイレン、アジサイ、ゲーラックス）、ドライフラワー（アジサイ、カスミソウ）

D ress

DELIGHT

ドライにしたウチワヤシの
造形が特徴的な作品。
スカート部分のユリもエレガントなイメージに
合わせ装飾チェーンとフォールさせて。

歓喜

渡邊育子

IKUKO WATANABE

ウチワヤシ、テッポウユリ
装飾チェーン、リボン

HISAE HASEGAWA

ダイナミックな柘植の枝と柔らかな印象の
アーティフィシャルフラワーの銀の枝をあわせ
羽が舞い飛ぶような
軽やかさを表現。

TOBU

飛
長谷川久江

Parasol

ツゲの枝、杉
傘、チキンネット、金のリボン

arasol

傘布部分はオーガンジーやシルクサテンを、
装飾はドライフラワーで。
長めの中棒とアクリルにビジューを
施した持ち手が個性的。

PINK-BEIGE UMBRELLA

ピンクベージュのアンブレラ

山本純子

JUNKO YAMAMOTO

ドライフラワー（ケイトウ、カスミソウ、シャクヤク）、布、アクリル棒

KAYOKO AONO

ツルウメモドキの枝で
つくるドレスのフォルム。
ナチュラルで優雅さを感じる
ラインの中に華やかなダリアを装飾。

AUTUMN DRESS

Dress

秋色ドレス

青野佳世子

ツルウメモドキ、ダリア

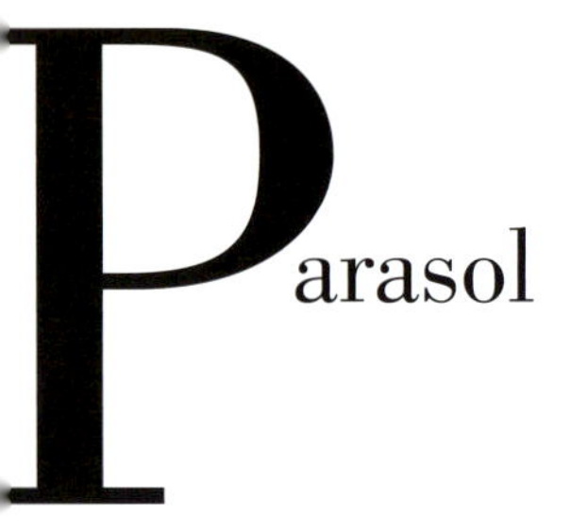

arasol

番傘からイメージを膨らませた作品。
オアシスの土台にアーティフィシャルの
ヤブランの葉を貼り輪郭はドラゴン柳で
一輪の花で粋を。

BANGASA

BANGASA

武藤恵子

KEIKO MUTO

竹、ドラゴン柳、アーティフィシャルフラワー（ヤブラン、椿）
リボン

YUKIE MATSUOKA

BRILLIANT GREEN

ダリアをイメージしたパラソル。
傘に水色の布を貼りつけ
その上に緑のダリアを中心にして
オーガンジーでつくった花弁を配して。

BRILLIANT GREEN（緑の輝き）
松岡幸枝

Parasol

アーティフィシャルフラワー（ダリア）
オーガンジー布、スワロフスキービーズ、ブロインワイヤー

ルソーの夢をデザインソースにした作品。
合板をカットして見せた
ラインと植物の造形的な扱いで
幻想的でモダンな世界を表現。

ROUSSEAU'S DREAM

ルソーの夢の指差しの先に...

布施明美

シュロの葉、モンステラ、バンダ、
ハラン、フトイ、グロリオーサ
アルミ複合板、シナ合板、アルミ
エキスパンダメタル

AKEMI FUSE

MAYUMI KOYAMA

クリムトの『接吻』から
インスピレーションを得た作品。
スターチスや異素材をアートっぽいモチーフで
みせたユニセックスなマント。

AZTECAN PRAYER

アステカの祈り

小山真弓

スターチス、アルミシート、薄紙、梱包紐、リボン、プラスチックチェーン、パール、バーク、フルーツネット、木の皮

ress

華やかなストールの素材はカンナ屑。
胸元等のプラチナゴールドに輝く装飾は
山芋の実を張り合わせて。
チーム力が光る作品に。

RED CARPET

レッドカーペット

チーム KARIYA

TEAM KARIYA

山芋の実、マツカサ
カンナくず、エコファー、アルミシート、ソフトネット

MIHO MIYAZAKI
ĀTO KENKYUKAI

華やかに魅せるだけでなく
観る人に温かさや優しさに溢れた
光景を思い出させるような
ノスタルジックなショーウィンドウ。

FASHIONABLE WINDOWS

FASHIONABLE WINDOWS

宮崎美保／アート研究会

Display

ローヤルフラワースクールオリジナルアートフラワー

秋の風景をパラソルの中に表現。
ドライの質感に
秋の風情を感じさせる
アーティフィシャルフラワーを合せて。

JAPANESE AUTUMN

日本の秋

大野文代

アーティフィシャルフラワー、ドライフラワー（イノコログサ、ススキ、ワレモコウ）
傘、布、シェニールコード

FUMIYO OHNO

MUCHA'S WORLD

アール・ヌーヴォーを代表する
グラフィックデザイナーで
画家のアルフォンス・ミュシャから
インスピレーションをえた作品。

TOYOMI YAKUSHIJI
YOKO KUSAMA

ミュシャの世界に憧れて

薬師寺豊美／日馬要子

バラ、ダリア、秋色アジサイ、ユーカリ、アストランチア
布地

isplay

PROMENADE IN THE AUTUMN

ぶどうの木、ハナミズキ、アジサイ、ユキヤナギ、ベビーハンズ、ツゲ、ダリア、マム、スプレーマム、セダム、ドラセナ、カークリコ、カラー、ケイトウ、テマリソウ、ビバーナムティナス、ハス、ワタカラ

秋の散歩道

東條美香／蔭山八千代／石井理可

おろしたてのドレスを身に纏い
お気に入りの帽子とバッグで
出かけた秋のワンシーン。
ボルドーカラーでノスタルジックな雰囲気に。

MIKA TOJO
YACHIYO KAGEYAMA
RIKA ISHII

isplay

モネの「日傘をさす女」と
色彩の魔術師といわれたデュフィの
絵画にインスピレーションを受け
グラデーションを主役にドレスを。

LADY DRESSED IN COLORS

色纏う貴婦人

丹野真理子／沼田早智子

MARIKO TANNO
SACHIKO NUMATA

ダリア、プリザーブドフラワー（アジサイ、ソフトストーベ）、ドライフラワー（タタリカ、スターチス、センニチコウ、山シダ、エリアンサス）、アーティフィシャルフラワー（ダリア）

YUIKO NITTA
HIDEKO YOKOZAWA

月白の雰囲気が醸しだせるよう
帽子のシダは色合いに拘り染色。
ブーケは仄かに輝き光る
月のようにカスミソウのみを束ねて。

TSUKISIRO

TSUKISIRO（月白）

新田祐比子／横沢秀子

カスミソウ、デルフィニウム、シダ、
ヤシ

ress

バラを抱え、纏いながら
優雅にダンスを踊る貴婦人。
生花のバラ、異素材で制作したバラ
幾重にも重ねた布が奏でる優雅なドレス。

DANCE OF ROSE

バラと奏でるドレス

竹下裕子

YUKO TAKESHITA

バラ、ゴールドスプレー葉、布（合皮レザー、チュール、オーガンジー、レース、サテン）、ビーズ（パール、スワロフスキー、クリスタル、メタル、ブレード）

Royal Flower School 40th Anniversary Event
"Flower × Fashion"
～ 花で織りなすメゾン・ド・クチュール ～

植物の中にあるイメージを見つけることで始まる...

デザインとは
自分でイメージしたものを
作りあげるためには
どうすればよいか
自分で考え行動すること

何かを加えることでストーリーが生まれる

作品は見る時間や状況によって表情を変える

「ナニっコレ?!」ディスプレイには驚きの演出も楽しい！

身近にあるデザインの種

SCHOOL LIST

HOKKAIDO
大森千穂子フラワーアカデミー　大森千穂子　北海道札幌市

TOHOKU
花工房 ふなばし　船橋志子　宮城県仙台市

花工房 どりーむ　清野淳子　宮城県仙台市

スタジオ『優』　黒澤ユウ子　宮城県多賀城市

ローヤルフラワースクール 山形ブランチ　高橋澄夫　山形県村山市

スタジオ RYOKO　安田良子 山形県上山市

KANTO
ラモーデ・フローレス　小倉智子　茨城県土浦市

花夢　飛田幸恵　群馬県邑楽郡板倉町
P28

フラワースタジオ花便り　奥澤三恵子　栃木県日光市

フラワーリング　石垣有里恵　栃木県宇都宮市

花工房 冴　都築冴子　栃木県小山市
P73

あとりえ With　平田さつき　埼玉県越谷市

フラワーデザイン てぃーら　布施明美　埼玉県草加市
P9、P10、P11、P12、P14、P15、P18、P27、P47、P70

花のアトリエ Kino　木下英美子　埼玉県草加市
P32、P33

スタジオF3　木村光子　埼玉県朝霞市

尼野笑子　千葉県千葉市

アトリエ花iro　竹下裕子　千葉県鎌ヶ谷市
P80

LOVE IN A MIST　常光賀世子　千葉県柏市
P8、P59

ローヤルフラワースクール 柏教室　坂本之子　千葉県柏市

フラワースタジオ花穂　吉岡三穂子　千葉県野田市

TOKYO
本部校
ローヤルフラワースクール本部大森校　幸泉眞美　東京都大田区
P4、P5、P6、P7、P23、P24、P25、P29、P36、P38、P39、P40、P41、P42、P43、P44、P48、P49、P53、P55、P58、P62、P64、P66、P67、P73、P81、P82、P83

アトリエ 絵夢　牧 美恵子　東京都足立区
P16、P17、P19、P57、P69

長谷川久江 花教室　長谷川久江　東京都練馬区
P60、P63、P65、P68、P74

アトリエ フローラ　宮村康子　東京都北区
P22、P30、P31

ローヤルフラワースクールスタジオエス　斉藤良枝　東京都中央区
P50、P51、P75、P76、P77、P78、P79

Le.couleurs ル.クルール　小松康子　東京都練馬区
P45

アトリエ i・feel　池永育子　東京都荒川区
P13

デザインフラワーフローラルサロン・ミチ　（府中市市民活動センタープラッツ内）　東京都府中市　入江道子
P37

Rose's Garden　髙橋実穂　東京都北区
P26

ローヤルフラワースクール 花夢　佐藤貞子　東京都足立区
P46

SHINETSU・TOKAI
フラワースタジオ 吉田　吉田日出子　新潟県長岡市

オールド・ローズ　加藤麻子　新潟県長岡市

B・Blanc 古正寺　大川俊雄　新潟県長岡市

小松フラワースクール　小松清子　新潟県上越市

花・ティアラ　大野千賀子　新潟県上越市

おおたにフラワースクール　大谷みゑ子　新潟県上越市

Atelier Gardenia　佐藤純子　新潟県上越市

フラワーサロン 花　矢谷貞子　新潟県上越市

フローラ ファイン　横山恵里子　新潟県新潟市
P20、P21

スタジオ yu　室橋佑子　新潟県柏崎市
P73

はな舞　豊田節子　新潟県南蒲原郡田上町
P34、P35

花スタジオゆきえすぺーす　植木幸枝　新潟県胎内市

アートフラワー工房aya　五十嵐綾子　新潟県糸魚川市

ねこじゃらし　星野由美子　新潟県見附市

清水花店 スタジオ・ムー　清水 洋　石川県金沢市
P61

Flower Style　宮部明美　岐阜県岐阜市

KINKI
花工房 KARIYA　狩谷冨佐子　和歌山県御坊市
P52、P54、P56、P71、P72

CHUGOKU・SHIKOKU
花の詩　寺井 麗　香川県高松市

花工房茉莉花　岡本栄子　徳島県阿波市

KYUSHU・OKINAWA
フローラル容子アトリエ　森永容子　鹿児島県鹿児島市

花の塾 花遊善　中段淑子　鹿児島県鹿児島市

HONBU
ローヤルフラワースクール本部大森校
東京都大田区山王2-6-12
TEL:03-3775-1896
FAX:03-3775-1897
HP:http://www.royalflowerschool.com/

EPILOGUE

2018年10月27日、28日、ローヤルフラワースクールでは、スクール設立40周年を記念したイベント"Flower × Fashion ～花で織りなすメゾン・ド・クチュール～"を、銀座のギャラリーで開催し、2日で2000人を超えるお客様に来場いただきました。
自由な発想で花の魅力やワクワク・ドキドキを発信できたのは、いつも真摯にデザインと向き合う仲間のおかげです。
ローヤルフラワースクールはこれからも、「デザインを学ぶ場」であることを実践し、デザインとは単なる花あしらいのテクニックではなく、発想力そのものであるという考えをもって歩んでまいります。

ROYAL FLOWER SCHOOL 40TH ANNIVERSARY
FLOWER × FASHION
花で織りなすメゾン・ド・クチュール

2019年5月1日　第1刷発行

著者　新妻尚美

Four Seasons Press Co.,Ltd.
〒101-0051
東京都千代田区神田神保町 3-2-4　田村ビル 5F
電話　03-6261-4770
http://www.fourseasonspress.co.jp

印刷　富士精版印刷株式会社

定価はカバーに表示してあります。
万一落丁・乱丁本がありましたらお取り替えいたします。